축복받은 성경 읽기

여호수아기 문제집

본　　　당 | ....

이　　　름 | ....

세　례　명 | ....

시　　　작 | ....

마　　　침 | ....

성서와함께

축복받은 성경 읽기 문제집 안내

이 문제집의 목적은 성경 공부보다 성경 읽기를 돕는 데 있습니다. 매주 1회, 5-8명이 모여 1-2시간 동안, 아래 순서에 따라 모임을 진행합니다. 말씀의 봉사자나 지도자가 없어도 누구나 진행자가 될 수 있습니다. 혼자 읽기에는 어려웠던 성경을 함께 읽으면서 '말씀은 멀리 있지 않고 아주 가까이 있음'(신명 30,14)을 깨닫게 되기 바랍니다.

시작기도

성령께 도움을 청하며 '성경을 읽기 전에 드리는 기도'(5쪽)를 드립니다.

읽어 봅시다

각 과의 안내문을 함께 읽고, 제시된 성경 본문을 한 구절씩 돌아가며 소리 내어 읽습니다(필요하다면 성경 본문을 두 번 읽어도 좋습니다).

살펴봅시다

각자 문제의 답을 성경에서 찾아 적고, 한 사람씩 각 문제를 읽고 답을 말합니다.

곰곰이 생각하고 나누어 봅시다

제시된 나눔 주제를 함께 읽고 자신의 생각을 간단하게 적은 후 돌아가며 나눕니다.

기억하고 싶은 성경 구절을 적어 봅시다

각자 마음에 와닿은 성경 구절을 적고, 돌아가며 읽습니다.

기도합시다

제시된 기도 지향에 따라 돌아가면서 짧게 기도합니다.

성경을 읽기 전에 드리는 기도

성경 안에서
저희를 친절히 만나 주시는 아버지,
넘치는 성령의 빛으로
제 눈을 열어 주시어 당신의 빛을 보게 하시고,
제 귀를 열어 주시어 당신의 말씀을 듣게 하시며,
제 마음을 열어 주시어
당신의 생명을 받아 안게 해 주소서.
그리하여 말씀의 신비가
얼마나 넓고 높고 깊은지 깨달아 알고,
인간의 모든 지식을 초월한
그리스도의 사랑에 대한 뜨거운 감동으로,
저의 모든 일상생활 가운데
새로운 기쁨과 당신의 능력이 빛나게 해 주시며,
저의 모든 형제들과 함께
당신의 영광을 찬미하게 해 주소서.
우리 주 예수 그리스도를 통하여 비나이다.
아멘.

차례

여호수아기를 읽기 시작하며

모세오경에 이어지는 여호수아기는 하느님의 약속이 역사에서 '어떻게 실현되었는가'를 보여 줍니다. 곧 이집트를 탈출한 이스라엘 백성이 약속의 땅에 첫발을 딛고 어떻게 땅을 분배하고 정착했는지에 대해 이야기합니다. 동시에 하느님의 말씀에 충실했던 여호수아의 모습을 부각시킴으로써, 이스라엘 백성이 약속의 땅을 차지할 수 있었던 근본 이유가 하느님 말씀에 대한 절대적 순명에 있었다는 사실을 강조합니다.

여호수아기는 크게 두 부분으로 나누는데, 첫 번째 부분인 1-12장은 가나안 땅을 정복하는 내용입니다. 여호수아가 예리코에 정탐꾼들을 보내는 이야기(2장)에서 시작하여 이스라엘 백성이 요르단강을 건너는 과정(3-4장), 광야에서 할례를 받지 못한 이스라엘 백성이 길갈에서 할례를 받고 약속의 땅 가나안에서 처음으로 파스카 축제를 지내는 이야기(5장)가 이어집니다. 예리코 점령(6장)에 이어 아이를 점령(8장)하면서 정복 사업을 시작한 이스라엘은 하느님께 순명하지 않고 그분 말씀을 거스르는 죄를 짓기도 합니다. 완전 봉헌물을 탐낸 아칸의 죄악과 그 결과(7장), 반反이스라엘 연합 세력과 벌인 기브온 전투(10장), 그리고 12장에서는 이스라엘이 정복한 지역의 임금 이름들을 나열합니다.

두 번째 부분인 13-21장은 열두 지파에게 영토를 나누어 준 일을 자세히 전하며, 실수로 살인을 저지른 이들이 피신할 수 있는 도피 성읍과 레위인들이 살 성읍들을 열거합니다. 이렇게 해서 주님께서는 이스라엘 백성의 조상들에게 주시겠다고 맹세하신 모든 땅을 주셨고 이스라엘 백성은 가나안 땅을 차지하여 정착합니다.

맺음말인 22-24장은 가나안 땅 정복에 참여했던 요르단 동쪽 지파들이 그들의 땅으로 돌아가는 과정에서 제단을 세우는 이야기와 모세의 후계자인 여호수아가 백성에게 남긴 마지막 유언을 담고 있습니다. 또한 이스라엘의 모든 지파가 모여 주님만을 섬기겠다는 약속과 다짐을 하는 내용이 나옵니다.

제1과
모세가 여호수아를 후계자로 지명하다

모세가 죽은 뒤, 주님께서는 여호수아에게 약속의 땅으로 들어가라고 명령하십니다. 모세와 함께 있어 주셨듯이 여호수아와도 함께하겠다고 약속하시며 용기와 힘을 주십니다. 주님께서 맡겨 주신 사명을 성공적으로 수행하기 위해서, 여호수아는 주님의 종 모세가 명령한 모든 율법을 밤낮으로 되뇌어 명심하여 실천하고 오른쪽으로도 왼쪽으로도 벗어나지 않아야 합니다. 가나안 땅 정복을 준비하며 여호수아는 예리코에 정탐꾼을 파견합니다. 이 과정에서 정탐꾼들은 창녀 라합의 도움을 받아 무사히 강을 건너 눈의 아들 여호수아에게 돌아가 자신들이 겪은 일을 낱낱이 보고합니다. 그들은 여호수아에게 말합니다. "정녕 주님께서 저 땅을 모두 우리 손에 넘겨 주셨습니다"(2,24).

읽어 봅시다 1,1-2,24

살펴봅시다

1. 모세가 죽은 뒤, 주님께서는 여호수아에게 당신이 이스라엘 자손들에게 주는 땅으로 가라고 하십니다. 주님께서 여호수아에게 내리신 명령과 약속의 말씀을 완성해 보십시오.

   - 1,5

     네가 사는 동안 내내 아무도 너에게 맞서지 못할 것이다.

     (

).

2. 여호수아가 약속의 땅을 차지하기 위해 지녀야 할 가장 중요한 자세는 무엇입니까? 괄호 안에 알맞은 단어를 찾아 적어 보십시오.

   - 1,6

     힘과 용기를 내어라. 내가 이 백성의 조상들에게 주기로 맹세한 ( )을 이 백성에게 ( )으로 나누어 줄 사람은 바로 너다.

- 1,7

  너는 더욱더 힘과 용기를 내어, 나의 종 (   )가 너에게 명령한 모든 (   )을 명심하여 실천하고, 오른쪽으로도 왼쪽으로도 벗어나서는 안 된다.

3. 여호수아가 정탐꾼을 보낸 성읍은 어디이며, 그곳에서 정탐꾼들을 도와준 여인의 이름은 무엇입니까?

- 2,1-24

  성읍:

  여인의 이름:

곰곰이 생각하고 나누어 봅시다

여호수아는 하느님의 격려에 힘입어 사명을 완수합니다. 나에게 힘과 용기를 주셨던 하느님의 말씀을 떠올려 보고 나누어 봅시다.

기억하고 싶은 성경 구절을 적어 봅시다

기도합시다

어려운 일을 맡게 되었을 때, 주님을 믿고 힘과 용기를 잃지 않도록 기도합시다.

제2과
이스라엘 백성이 요르단강을 건너다

여호수아는 이스라엘의 모든 자손과 함께 강을 건너기 전 요르단에 머뭅니다. 사흘이 지날 무렵 이스라엘 백성은 하느님의 계약 궤와 그 궤를 멘 레위인 사제들의 뒤를 따라 강을 건넙니다. 계약 궤를 멘 사제들이 요르단강에 들어서자 위에서 내려오던 물이 멈추었고, 여호수아와 이스라엘 백성은 마른 땅을 밟고 요르단강을 건넙니다. 온 겨레가 요르단을 다 건너자 이스라엘 자손들은 주님의 말씀에 따라 열두 지파를 상징하는 열두 개의 돌로 기념비를 세웁니다. 그리고 예리코 동쪽 길갈에 진을 칩니다.

읽어 봅시다　3,1-4,24

살펴봅시다

1. 가나안에 이미 살고 있었던 일곱 부족의 이름을 적어 보십시오.

- 3,10

2. 이스라엘 백성이 요르단강을 건널 때 선두에 선 이들은 누구이며, 그들이 메고 있던 것은 무엇입니까?

- 3,14

  선두에 선 이들:

  메고 있던 것:

3. 기념비로 세운 돌 열두 개는 무엇을 의미하며, 어디에서 가져온 것입니까?

- 4,5.8

  돌 열두 개의 의미:

  가져온 곳:

곰곰이 생각하고 나누어 봅시다

이스라엘 백성은 요르단강에서 가져온 돌 열두 개로 하나님의 구원과 계약을 기억합니다. 나에게 하나님의 사랑과 구원을 기억하게 하는 물건이나 표지는 무엇인지 나누어 봅시다.

기억하고 싶은 성경 구절을 적어 봅시다

기도합시다

교회 지도자들이 하나님 말씀에 충실하도록 기도합시다.

제3과
가나안에서 첫 파스카 축제를 지내고 예리코를 점령하다

이스라엘 백성은 주님의 명령에 따라 길갈에서 할례를 받고 예리코 벌판에서 파스카 축제를 지냅니다. 파스카 축제 다음 날 이스라엘 백성은 그 땅의 소출인 누룩 없는 빵과 볶은 밀을 먹었습니다. 이어지는 예리코 점령 사건은 여호수아기의 특징을 잘 보여 줍니다. 곧 하느님께서 여호수아에게 예리코 점령을 명령하시고 사제들과 백성들은 주님의 명령에 순종한다는 것입니다. 주님의 궤를 멘 사제들을 선두로 엿새 동안 예리코 성읍을 돌고, 마지막 이렛날에는 성읍을 일곱 번 돈 뒤, 사제들이 뿔 나팔을 불고 여호수아의 명령에 따라 백성이 함성을 지르자 성벽이 무너졌습니다. 그리고 모든 것을 주님께 완전 봉헌물로 바칩니다.

읽어 봅시다 5,1-6,27

살펴봅시다

1. 여호수아가 길갈에서 이스라엘 백성에게 할례를 베푼 이유가 무엇인지 찾아봅시다.

   - 5,5
     그때에 나온 백성은 모두 할례를 받았지만, (
).

2. 이스라엘 백성이 길갈에서 처음으로 지낸 축제의 이름은 무엇입니까?

   - 5,10

3. 이스라엘 자손들이 언제 가나안 땅의 소출을 처음으로 먹었는지 빈칸을 채워 보십시오.

- 5,11

( ) 그들은 그 땅의 소출을 먹었다. 바로 그날에 그들은 누룩 없는 빵과 볶은 밀을 먹은 것이다.

4. 예리코 성읍 점령과 관련된 다음 내용 중 <u>틀린</u> 것은 무엇입니까?(6,1-27)

① 엿새 동안 성읍 둘레를 하루에 한 번 돌았다.
② 일곱째 날은 성읍 둘레를 일곱 번 돌았다.
③ 일곱째 날 사제들이 뿔 나팔을 불 때, 백성이 함성을 지르자 성벽이 무너져 내렸다.
④ 예리코 성읍을 주님께 완전 봉헌물로 바쳤다.
⑤ 창녀 라합은 살려 주었지만 그 가족은 죽였다.

곰곰이 생각하고 나누어 봅시다

이스라엘 백성은 불가능해 보였던 예리코 성읍 점령을 믿음으로 이루어 냅니다. 나의 삶에서 어렵고 힘든 일을 믿음과 기도로 해결한 체험이 있다면 나누어 봅시다.

기억하고 싶은 성경 구절을 적어 봅시다

기도합시다

라합처럼 주님의 일에 협력하는 이들을 위해 기도합시다.

제4과
아이를 점령하다

이스라엘 자손들이 완전 봉헌물과 관련하여 죄를 짓자 주님께서는 진노하십니다. 이스라엘 백성들이 주님의 명령을 어기고 도둑질과 거짓말을 하면서까지 완전 봉헌물을 차지한 것입니다. 그래서 이스라엘 자손들 자신이 완전 봉헌물이 되어 버려, 원수들에게 맞설 수 없게 되고 그 앞에서 등을 돌려 달아나야 했습니다. 하느님의 말씀에 순종하지 않아 크게 패한 이스라엘은 범죄를 저지른 아칸을 처형하고 그들의 죄스러움을 없애 버립니다. 이후 주님의 말씀에 따라 여호수아와 병사들은 다시 아이를 공격하여 승리를 거둔 뒤, 에발 산에 주 이스라엘의 하느님을 위하여 제단을 쌓았습니다.

읽어 봅시다 7,1-8,35

살펴봅시다

1. 아이 성읍 점령에 실패하여 낙담한 여호수아에게 하시는 주님의 말씀인 7,10-15을 읽고 빈칸을 채워 봅시다.

- 7,11
  이스라엘이 (　　　　　　)를 지었다. 내가 그들에게 명령한 계약을 어기고 (　　　　　　　　　　　)을 차지하였으며,

도둑질과 거짓말을 하면서까지 그 물건을 자기 기물 가운데에 두었다.

2. 완전 봉헌물과 관련해 죄를 지은 사람은 누구입니까?

- 7,18

3. 전쟁에서 승리하여 아이를 점령한 후, 여호수아는 주 이스라엘의 하느님을 위하여 어디에 제단을 쌓습니까?

- 8,30

곰곰이 생각하고 나누어 봅시다

아칸처럼 우리는 하느님께 마땅히 드려야 할 것들을 내 것으로 삼으려고 할 때가 있습니다. 그 유혹은 어떤 것들인지 곰곰이 생각하고 나누어 봅시다.

기억하고 싶은 성경 구절을 적어 봅시다

기도합시다

물욕으로 하느님과 멀어지는 이들을 위해 기도합시다.

제5과
여호수아가 가나안 점령을 끝내다

기브온 사람들은 여호수아가 예리코와 아이에 한 일을 듣고 두려움을 느낀 나머지 속임수를 써서 이스라엘과 계약을 맺습니다. 여호수아가 아이를 점령하여 그곳을 완전 봉헌물로 바쳤다는 사실과, 기브온이 이스라엘과 계약을 맺었다는 소식을 들은 아모리족의 다섯 임금은 연합하여 기브온으로 진군하고 싸움을 걸었습니다. 그러자 여호수아는 도움을 요청하는 기브온을 구합니다. 여호수아는 주님께서 모세에게 이르신 그대로 모든 땅을 정복하고 지파별 구분에 따라 이스라엘 사람들에게 그 땅을 상속 재산으로 나누어 줍니다. 이로써 전쟁은 끝나고 가나안 땅은 평온해졌습니다.

읽어 봅시다   9,1-12,24

살펴봅시다

1. 기브온 사람들이 이스라엘 사람들을 속이기 위해 사용한 방법 세 가지는 무엇입니까?(9,3-5.9.13)

① 가까운 고장에서 왔다고 말하였다.

② 양식으로 마련한 빵은 마르고 부스러져 있었다.

③ 낡고 갈라져서 꿰맨 포도주 부대에 술을 채웠다.

④ 낡아 빠진 옷을 걸치고 기운 신을 신었다.

⑤ 화려한 옷을 입고 거드름을 피웠다.

2. 주님께서 아모리족을 이스라엘 자손들 앞으로 넘겨주시던 날, 여호수아는 이스라엘이 보는 앞에서 무엇이라 외쳤고, 그 결과 어떤 일이 벌어졌습니까?

- **외침**(10,12)
  해야, 기브온 위에, 달아, 아얄론 골짜기 위에 (   ).

- **결과**(10,13)
  백성이 원수들에게 복수할 때까지 (   ).

3. 여호수아는 오랜 싸움 끝에 마침내 가나안을 점령하였습니다. 땅을 정복한 후 여호수아가 한 일은 무엇입니까?

- 11,23

  여호수아는 주님께서 모세에게 이르신 그대로 모든 땅을 (   )하였다. 그러고 나서 (   ) 구분에 따라 이스라엘 사람들에게 그 땅을 (   )으로 나누어 주었다. 이로써 (   )은 끝나고 이 땅은 평온해졌다.

4. 이스라엘 자손들이 정복한 가나안 땅은 어디에서 시작하여 어디까지 이릅니까? 빈칸을 채워 봅시다.

- 12,1

  요르단 건너편 해 뜨는 쪽 (   )에서 (   )과 동쪽의 온 (   )에 이르기까지 ….

곰곰이 생각하고 나누어 봅시다

완전 봉헌물은 하나님의 것을 하나님께 돌려 드리는 것입니다. 나는 그 정신을 실천하기 위해 어떤 노력을 하고 있는지 생각하고 나누어 봅시다.

기억하고 싶은 성경 구절을 적어 봅시다

기도합시다

이주민과 난민들을 위하여 기도합시다.

제6과

이스라엘이 점령한 가나안의 성읍들

이제 여호수아는 늙고 나이가 많이 들었습니다. 그런데 아직도 이스라엘이 점령하지 못한 땅이 많았습니다. 그래서 먼저 정복한 땅부터 나누어 줍니다. 요르단강 동쪽은 르우벤, 가드, 므나쎄 지파의 절반이 차지하고 비교적 강력한 유다와 에프라임 지파도 요르단강 서편에서 한 몫씩 차지합니다. 그 가운데 여푼네의 아들 칼렙은 가나안 정탐 후 주님께서 모세에게 내리신 분부대로, 헤브론을 상속 재산으로 차지하게 됩니다.

읽어 봅시다 13,1-15,63

살펴봅시다

1. 가나안 점령이 끝난 후, 이스라엘의 어느 지파가 요르단강 건너편 동쪽 땅을 상속 재산으로 받습니까?

    • 13,8

2. 여호수아는 각 지파에게 가나안 땅을 분배하면서 한 지파에게만 은 상속 재산을 주지 않았습니다. 땅을 분배받지 못한 지파는 어느 지파이며, 그 이유는 무엇입니까?

- 13,14

3. 여푼네의 아들 칼렙이 상속받은 유다 지파의 땅은 어디입니까?

- 14,13-14

4. 유다 자손들의 지파가 받은 땅의 남쪽 경계는 어디입니까?

- 15,1

곰곰이 생각하고 나누어 봅시다

여푼네의 아들 갈렙은 하나님을 온전히 따랐기에 헤브론을 차지할 수 있었습니다. 내가 하나님을 따름으로써 받은 축복은 무엇입니까?

기억하고 싶은 성경 구절을 적어 봅시다

기도합시다

삶의 터전인 땅(가족, 직장)을 주신 하나님께 감사의 기도를 드립시다.

제7과

열두 지파에 땅을 분배하다

땅을 분배하는 이야기에서, 요셉의 두 아들의 영토 이야기가 가장 먼저 나옵니다. 이들이 받은 땅은 북쪽 중앙 지대로 비옥하고 산물이 풍부한 곳이었습니다. 므나쎄 지파보다 에프라임 지파가 먼저 기록되어 있는 것은 형이 아우를 섬길 것이라는 야곱의 축복 때문입니다(창세 48,19). 에프라임과 므나쎄 지파는 비옥하고 드넓은 땅을 다 차지하였는데, 이는 제비를 뽑아 이루어진 것이라 불평할 수도 없었습니다. 여호수아는 성막이 있는 실로에 땅을 차지하지 못한 일곱 지파를 모아 격려하고 남은 땅을 조사한 뒤 일곱 등분하여 역시 제비를 뽑아 나누게 하였습니다. 이렇게 하여 이스라엘 열두 지파에게 땅을 분배하는 일을 마칩니다.

읽어 봅시다 16,1-19,51

살펴봅시다

1. 에프라임 지파는 자신들의 영토를 차지하는 가운데 "그 땅의 주민들을 너희 앞에서 모조리 쫓아내어라"(민수 33,52) 하신 주님의 명령에 순종하지 않습니다. 그들이 쫓아내지 않은 사람들은 누구입니까?

   • 16,10

2. 이스라엘 자손들 가운데에는 상속 재산을 나누어 받지 못한 일곱 지파가 있었습니다. 여호수아는 이들에게 어떤 방법으로 몫을 나누어 줍니까?

   • 18,10

3. 이스라엘 자손들은 가나안 땅 분배를 마친 후, 눈의 아들 여호수아에게도 상속 재산을 주었습니다. 그곳은 어디입니까?

   • 19,50

곰곰이 생각하고 나누어 봅시다

하느님께서 열두 지파에게 땅을 나누어 주셨듯이 나에게도 삶의 자리를 마련해 주십니다. 그분이 마련해 주신 삶의 자리를 어떤 마음으로 살피며 지켜가고 있는지 나누어 봅시다.

기억하고 싶은 성경 구절을 적어 봅시다

기도합시다

삶의 자리를 잃어버린 노숙자들을 위하여 기도합시다.

제8과
도피 성읍과 레위인들의 성읍

여호수아는 주님의 명령대로 도피 성읍을 정합니다. 이는 실수로 사람을 죽인 자가 피신할 수 있는 도피처를 만들어, 살인자라도 피의 보복자 손에 죽는 일이 없도록 하기 위한 것입니다. 하느님을 상속 재산으로 받은 레위인들에게도 성읍을 지정해줍니다. 이제 주님께서 이스라엘 백성의 조상들에게 약속하신 모든 땅을 그들에게 주셨고 그들은 그곳에서 살게 되었습니다. 이리하여 주님께서 이스라엘 집안에 하신 그 모든 좋은 말씀이 하나도 빠지지 않고 다 이루어졌습니다.

읽어 봅시다   20,1-21,45

살펴봅시다

1. 여호수아는 주님의 명령대로 도피 성읍을 정합니다. 도피 성읍으로 피할 수 있는 살인자의 조건은 무엇이고, 그는 언제까지 그 성읍에 살아야 합니까?

    • **조건**(20,3):

- 기간(20,6):

2. 하느님의 약속이 어떻게 실현되었는지 빈칸을 채워 봅시다.

- 21,43

  (   )께서는 이렇게 이스라엘 백성의 조상들에게 주시겠다고 맹세하신 (   )을 그들에게 주셨다. 그래서 그들은 이 (   )을 차지하여 살게 되었다.

- 21,44

  (   )께서는 그들의 조상들에게 맹세하신 대로, 그들을 사방으로부터 평온하게 해 주셨다. 모든 원수 가운데에서 그들에게 대항하는 자는 아무도 없었다. (   )께서 모든 원수를 그들의 손에 넘겨주셨던 것이다.

- 21,45

  이리하여 (   )께서 이스라엘 집안에 하신 그 (   )이, 하나도 빠지지 않고 다 이루어졌다.

곰곰이 생각하고 나누어 봅시다

실수로 살인을 저지른 이를 보호하시는 하느님의 사랑을 묵상하며 나에게 실수로 손해를 입힌 이들을 어떤 마음으로 대하였는지 나누어 봅시다.

기억하고 싶은 성경 구절을 적어 봅시다

기도합시다

누명을 쓰거나 부당한 이유로 처벌받은 이들을 위하여 기도합시다.

제9과

여호수아의 유언과 스켐 집회

여호수아는 하느님께서 마련해 주신 선물인 가나안 땅을 잘 지키라고 유언합니다. 그 땅을 지키기 위해서 모세의 율법에 쓰여 있는 모든 것을 명심하여 실천하고 곁에 남은 다른 민족과 어울리지 말며 다른 신들을 섬기지 않아야 한다고 강조합니다. 이 모든 것을 "깊이 명심하여 주 너희 하느님을 사랑해야 한다"(23,11)라고 당부합니다. 여호수아는 이스라엘의 모든 지파를 스켐으로 모이게 하여 하느님과 계약을 맺습니다. 그리고 이스라엘 백성을 저마다 상속 재산으로 받은 땅으로 돌려보냅니다.

읽어 봅시다 22,1-24,33

살펴봅시다

1. 여호수아의 유언인 23,8-11을 읽고 빈칸을 채워 봅시다.

- **23,8**

  너희는 오늘날까지 해 온 대로 오직 (   )께만 매달려라.

- **23,9**

  주님께서는 크고 강한 민족들을 너희 앞에서 쫓아내 주셨다. 그래서 (   )까지 아무도 너희에게 맞서지 못하였던 것이다.

- **23,10**

  (   )께서 이르신 대로 너희를 위하여 친히 싸워 주셨기 때문에, 너희 가운데에서 한 사람이 천 명을 쫓을 수 있었다.

- **23,11**

  그러니 너희는 깊이 명심하여 (   )을 사랑해야 한다.

2. 여호수아가 이스라엘의 모든 지파를 불러 모아, 지난 역사를 되돌아보며 땅을 주신 분이 주님임을 분명히 밝히고 주님만을 섬기겠다는 계약을 맺은 장소는 어디입니까?

• **24,1**

3. 여호수아는 스켐에서 백성과 계약을 맺고 그들을 위한 규정과 법규를 세웠습니다. 그 내용이 아닌 것을 찾으십시오(24,14-28).

① 여호수아: 너희는 주님을 경외하며 그분을 온전하고 진실하게 섬겨라(24,14).
② 백성: 다른 신들을 섬기려고 주님을 저버리는 일은 결코 우리에게 없을 것입니다(24,16).
③ 여호수아: 너희 가운데에 있는 낯선 신들을 치워 버리고, 주 이스라엘의 하느님께 마음을 기울여라(24,23).
④ 백성: 우리는 주 우리 하느님을 섬기고 그분의 말씀을 듣겠습니다(24,24).
⑤ 여호수아: 주님께서 우리에게 이르신 모든 말씀을 이 나무가 들었다(24,27).

곰곰이 생각하고 나누어 봅시다

이스라엘 백성은 주님께서 주신 땅에서 하느님과의 계약을 새롭게 합니다. 여호수아기를 마무리하며 우리 각자가 주님께 드리는 약속을 나누어 봅시다.

기억하고 싶은 성경 구절을 적어 봅시다

기도합시다

여호수아기를 읽으며 받은 하느님의 은총에 감사드리며 기도합시다.

* 이 문제집과 성경 공부에 대한 자세한 문의는

가톨릭성서모임(www.biblemove.com)으로 해 주시기 바랍니다.

가톨릭성서모임

서울의정부 협의체

흑석동 (02) 824-4363·5 정릉 (02) 2171-1671~3

수지 (031) 546-8819

대구 협의체 문의

교구 소속 성서모임

대전	(042) 223-4627	부산	(051) 519-0485
울산	(052) 261-6011	원주	(033) 765-4226
인천	(032) 765-6967	전주	(063) 230-1059
제주	(064) 729-9503	청주	(043) 210-1734

청년성서모임

서울	(02) 764-6452	부산	(051) 519-0483
수원	(031) 8019-5402	전주	(063) 285-0041
청주	(043) 220-1707	춘천	(033) 252-6063

미국

남가주 1-714-403-0010 / 1-714-514-9651(청년)

동부 1-201-937-6622 북가주: 남가주 문의

축복받은 성경 읽기

여호수아기 문제집

서울대교구 인가: 2020년 12월 23일

초판 1쇄 펴낸날: 2021년 2월 2일

3쇄 펴낸날: 2025년 4월 8일

엮은이: 가톨릭성서모임

펴낸이: 나현오

펴낸곳: 성서와함께

06910 서울시 동작구 흑석로13길 7

Tel: (02) 822-0125~7 / Fax: (02) 822-0128

http://www.withbible.com / e-mail: order@withbible.com

등록번호 14-44(1987년 11월 25일)

ISBN 978-89-7635-369-6 94230

978-89-7635-919-3(세트)